Salma Fellahi

Luttes et Chimères

Salma Fellahi

Luttes et Chimères

Poèmes, peintures et dessins

Éditions Muse

Imprint
Any brand names and product names mentioned in this book are subject to trademark, brand or patent protection and are trademarks or registered trademarks of their respective holders. The use of brand names, product names, common names, trade names, product descriptions etc. even without a particular marking in this work is in no way to be construed to mean that such names may be regarded as unrestricted in respect of trademark and brand protection legislation and could thus be used by anyone.

Cover image: www.ingimage.com

Publisher:
Éditions Muse
is a trademark of
International Book Market Service Ltd., member of OmniScriptum Publishing Group
17 Meldrum Street, Beau Bassin 71504, Mauritius

Printed at: see last page
ISBN: 978-620-2-29249-8

Fellahi Salma

Luttes et Chimères

Poèmes, peintures et dessins

Luttes et Chimères

AVANT PROPOS

Ce recueil de poésie libre dépeint les états d'âme d'un être brisé, frustré, en perpétuelle lutte quotidienne où « l'enfer c'est les autres ».

Déceptions, espoirs, mélancolie faux semblant de bien-être, illusions, combats, amertume, mort, vie, blessures amoureuses ; un certain *spleen* se dégage des poèmes hétérométriques exposés : la liberté de la forme qui préconise, entre autres, les rejets et les contre-rejets, met en exergue un emprisonnement psychique étouffant.

La création de ces poèmes s'inspire des peintures et des dessins de l'auteure, réalisés entre 2005 et 2009 et ceux de son père Fellahi Abdellatif conçus dans les années soixante-dix.

L'utilisation du « je » ne doit en aucun cas être perçue comme étant uniquement personnelle : « *Ma vie est la vôtre, votre vie est la mienne, vous vivez ce que je vis. La destinée est une. Prenez donc ce miroir et regardez-vous-y. Hélas ! Quand je vous parle de moi, je vous parle de vous. Comment ne le sentez-vous pas ? Ah ! Insensé, qui crois que je ne suis pas toi !* » disait Victor Hugo.

« Nous sommes écartelés entre l'avidité de connaître et le désespoir d'avoir connu. »

-René Char-

I

Transparence

Je me suis vêtue de ma transparence,
Erré dans mon abondance,
Perforé le creux de ta bouche
Semée de tes parfums farouches.

J'ai teinté mes blessures hâtives,
Du chagrin de mon âme captive.

De mes entrailles désertées,
J'ai vu mon esprit s'émietter.

De mes mains orphelines,
J'ai vu mes larmes se mirer dans tes rivières abyssines.

De mon corps lésé illuminé de douceurs enfantines,
J'ai ôté d'un geste fiévreux
Le feu qui anime mes sombres aveux.

Fellahi Salma, 2006.

II

Naissance d'un pluriel

Quand l'Homme émietté cherche
Son appartenance,
Et que ses larmes inondent ses espérances,
Meurt folie et renait sagesse.

Quand le poète déchu s'arme de patience,
Et que ses ondes effacent leurs malveillances,
Meurt folie et renait sagesse.

Quand la magie se métamorphose en mots,
Et que la dynastie couvre nos berceaux.
Meurt folie et renait sagesse.

Quand l'amour s'accroche à nos anneaux,
Et que le plaisir enveloppe nos peaux,
Meurt folie et renait sagesse.

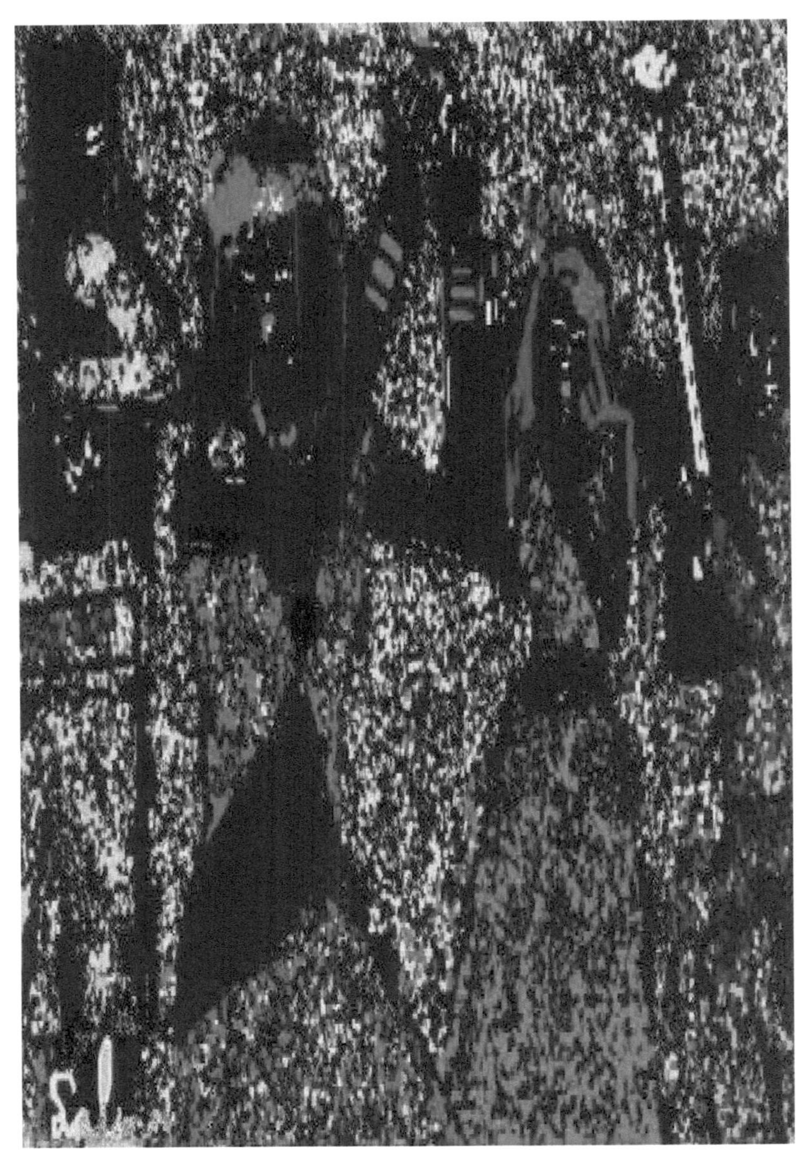

Fellahi Salma, 2009.

III
Exonération

Tu m'as légué ton double,
Tu m'as noyé dans tes eaux troubles.

Tu m'as brûlé dans mes feux,
Me disant mille fois à Dieu,
Dans le froid glacial de nos aveux.

Raye tes fausses appétences !
Efface de mes tripes mes espérances !

Efface-toi donc de ma vie !
Pars ! Disparais de mes nuits.

Fellahi Salma, 2005.

IV
Voyage

Une note de musique en voyage,
Volant plus loin que l'oiseau des rivages.

Des rayons, des murs et des villages,
Se creusant dans les entrailles des images.

Une affabilité somptueusement pénétrante,
Offre ses voies déroutantes.

Des sourires humbles non maquillés,
Tracent la musique d'un vent sucré.

Des secondes qui s'encrent dans la beauté
De l'éternité,
Et emportent au large leur chant sacré.

Fellahi Salma, 2005

V
Décadence

Mon exquise folie a fait de toi un sage,
Ma sagesse sacrifiée a fait de toi un mage,
Mon amour a fait de toi un nuage.

Ma transparence s'est mariée aux sables muets
Pour faire de toi un ange endiablé.

Ma révolte désaltérée a fait de toi un astre sombre
Où mon corps chiffonné dance dans l'ombre.

Maudit sois-tu d'avoir planté
L'arche morte dans mon cœur encerclé.

Maudit sois-tu d'avoir laissé
Couler l'encre ocre de mon âme fracassée.

Maudit soit mon être, d'avoir vu
Mes yeux ébahis, dans les tiens, se noyer, perdus.

Fellahi Abdellatif, 1971.

VI
Etreintes

Tes entrailles sont si creuses
Que mes larmes y plongent, malheureuses.

Tes sourires sont si limpides
Que mes regards s'inondent dans le vide.

Tes mains sont si moelleuses
Que ma bouche goûte à leur tendresse onctueuse.

Ta fragrance est si savoureuse
Que mon âme, tremblante, y nage, glorieuse.

Ta peau est si douce,
Que mon corps frissonnant m’éclabousse.

Ton affabilité est si pénétrante
Que mes baisers se cachent dans ta voix
Déroutante.

Fellahi Salma, 2007.

VII
Ivresse

Un suave éclat se répand des murailles,
Éclaire ces rues et ces entrailles,
Des rayons succulents caressent ces vagues,
Se marient aux rochers et traversent ces algues.

Des couleurs peintes à l'encre vermeille,
Des cris d'allégresse provenant d'un soleil qui veille.

Oh terre miraculeuse ! Je t'épouse.
J'épouse, tes mers, tes rivières,
Tes odeurs, tes poussières,
J'épouse ta lumière,
Tes allures fières,
J'épouse tes exquis cris marins,
Tes délectables matins.
J'épouse ta chaleur d'ébène,
Ta transparence amylène,
Tes formes patènes.
J'épouse tes chants enivrants,
Ton histoire écrite à l'eau métissée au vent.

Oh terre, de jouissance, parfumée,
Je m'invite à t'aimer sans compter.

J'envoie la colombe de mes douceurs,
Danser dans tes profondeurs.

Fellahi Abdellatif, 1971.

VIII

Pour qui ?

Pour qui la pénombre de mes entrailles,
S'est-elle effritée au-delà des murailles ?

Pour qui le rossignol de mes chagrins,
A-t-il chanté de bon matin ?

Pour qui mon corps s'est-il effacé ?
Pour qui mes ondes ont-elles brûlé ?

Pour qui l'encre de mes illusions
S'est-il évadé sans raison ?

Par quel chemin es-tu passé
Pour envelopper mon âme d'épines acérées ?

Pourquoi avoir pris cette voie ?
Pourquoi m'avoir emprisonnée sans toi ?

Sur quel pont l'as-tu trouvé ?
Elle, cette sorcière aliénée.

Fellahi Abdellatif, 1971.

IX

La machine infernale

Il a été les racines de mes jardins,
L'arôme de mes parfums.

Il a été l'ombre de mes chagrins,
La douce froideur de mes matins.

Il a été le corps de mes désirs ensorceleurs,
Le miracle de mes songes enchanteurs.

Il a été l'astre de mes nuits,
Le soleil de mes minuits.

Il a été le miroir des dangers,
L'aruspice de mes journées effacées.

Il a été la mort des corps encerclés
La machine infernale d'une ère massacrée.

Il a été le gardien dans mes sèves ;
Je l'ai suivi sans trêve.

Fellahi Salma, 2006.

X

Mon double

Il a la couleur de mon cœur,
Les incertitudes de mes douceurs.

Il a l'odeur de mes parfums d'automne,
Les bruits de mon corps fantôme.

Il a les yeux de mon lac incertain,
Le goût de mes fruits sereins.

Il est le miroir de mes peines,
Le dédale de mes envies soudaines.

Il est le pont de mes rivières,
Le gardien de mes terres.

Il est l'encre de mes chagrins,
Les vers de mon destin.

Il est l'ombre de mon âme
Le feu qui m'enflamme.

Il est le monarque de mes cris orphelins,
La rose de mon aride jardin.

La citerne de mes déserts,
Le valet de mes chimères.

Fellahi Salma, 2005.

XI
Maléfice

Une âme se retrouve seule,
Des corps se morcellent.

Une ombre marche sans se retrouver,
S'inonde dans des bains contaminés.

Des silences qui déchirent,
Des paroles qui hachent,
Des êtres qui s'évaporent sans traces,
Des maux qui effritent le chemin où on passe.

Des voix venues de nulle part répandent
Leurs ondes maléfiques,
Ensorcellent nos sombres nuits lyriques.

Fellahi Abdellatif, 1971.

XII

Ame froissée

J'aimerais te faire part de ces songes restés
Sans réponse,
De ces cœurs perdus au creux de l'ombre,
De ces voix murmurant ton nom.

J'aimerais partager mes chimères avec toi,
Mes questionnements sans échos.

La nuit est venue sans m'alerter,
M'engouffrant davantage dans ce dédale déserté.

Des milliers de cadavres me torturent l'esprit
Comment pourrais-je donc leur échapper ?

Des milliers de larmes coulent sans trouver issue,
De stridents de cris se répandent sur
Les sphères déçues.

Du sang coule, des feux brûlent,
Des yeux se ferment
Dans ce froid glacial qui m'enferme.

Fellahi Salma, 2006.

XIII
Désert de glace

Dans ce désert de glace, je gémis.
Sous ce soleil brûlant, je frémis.

Des ombres passent,
Des yeux se fracassent,
Des âmes se cassent,
Un mal se creuse dans la pénombre des glaces.

Ces feux ne veulent pas s'éteindre
Ces corps ne cessent de plonger dans les plaintes.

L'austère s'infiltre dans les veines
Et réveille des cris et des peines.

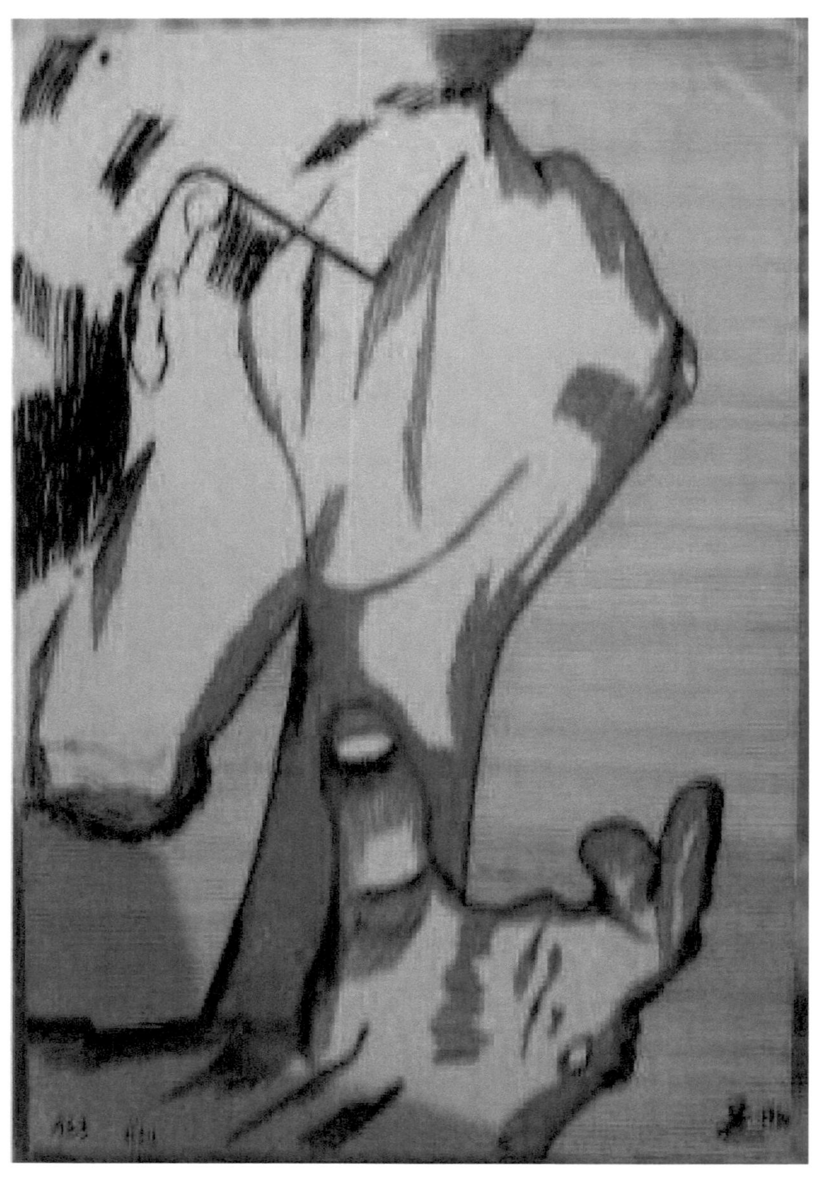

Fellahi Abdellatif, 1970.

XIV
Extase

Montre-moi ta beauté pour que je puisse m'y mirer.
Offre-moi ton regard pour pouvoir m'y plonger.

Couvre- moi l'âme avec ton sourire.
Enterre ton cœur dans le mien pour y mourir.

Offre ton corps à la fraîcheur de ma nature.
Réchauffe ton âme par mes douces embrasures.

Fais briller mes yeux par ta beauté apollinienne.
Fais frémir mes entrailles vénitiennes.

Envolons-nous vers notre ailleurs,
Notre éden enchanteur.

Fellahi Salma, 2006.

XV
Morte

Quel bonheur de t'entendre valser !
Sans rien autour de moi, je t'écoute chanter.

Mon cœur chante la mort,
Rien ne peut m'en empêcher.

Mon existence n'est point dans ton univers,
Mes sourires, mes larmes n'existent point
Sur tes silencieuses terres.

Mais que dois-je donc faire ?
Crier ou me taire ?
Fuir ou me perdre dans les prairies de tes mystères ?

Oui, je t'aime.
Mais dois-je ?

Mon âme débordante d'amour,
Se heurte à ton insensibilité
Et se blanchit devant les vagues de l'immensité.

Fellahi Salma, 2005.

XVI

Vingt-ans

Cette femme a les sillons aussi profonds qu'un gouffre,
Elle se voit, elle souffre,
Sa blondeur a brûlé dans un soufre
Laissant place à un nuage grisâtre
Enveloppant ses joues et son âme centenaire.

Elle avait vingt-ans mais ne connaissait que
Les guerres,
Elle était belle mais accablée ;
Son miroir se brisait
A chaque fois qu'elle lui parlait.

N'ayant pas eu le temps de vieillir,
Elle aura imaginé son futur
Avant de partir.

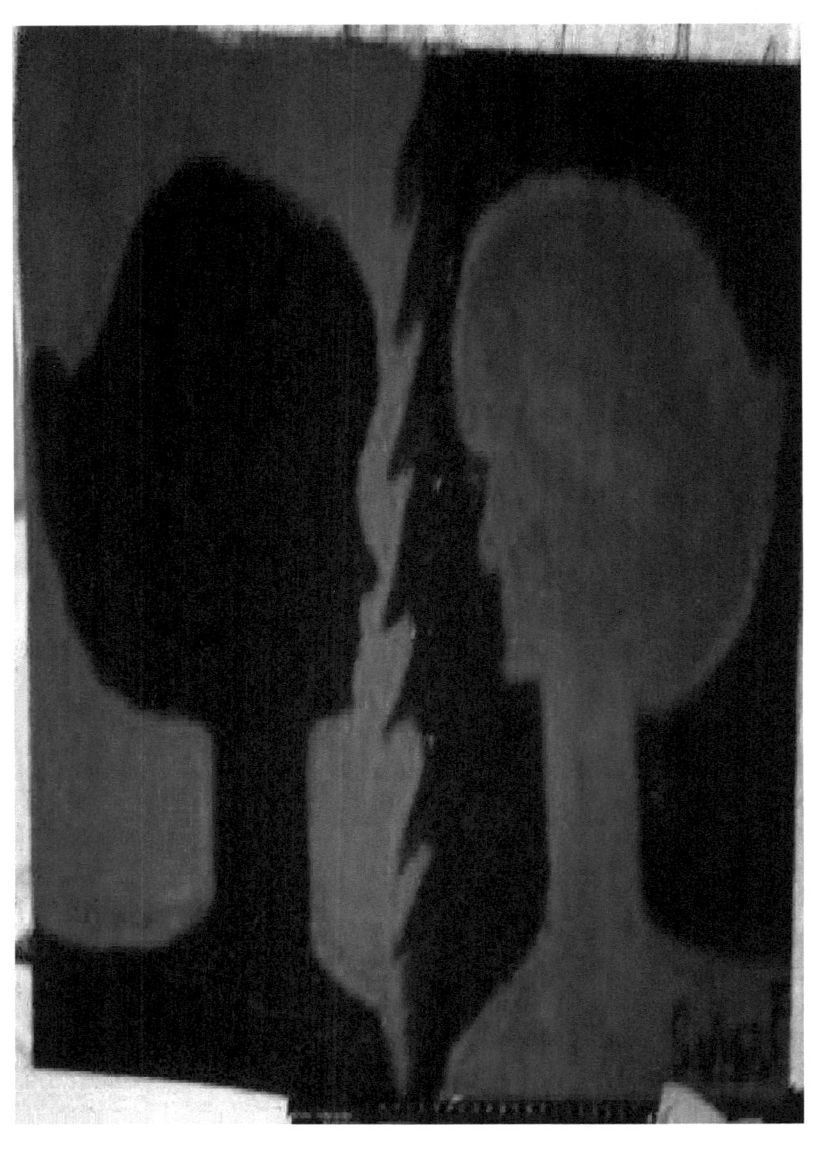

Fellahi Salma, 2005.

XVII

Eaux troubles

J'aperçois une empreinte,
Empreinte semblable à ta flamme éteinte.
J'entends ta vague ensorceleuse
Baigner dans les ténèbres de mon enfance.

Le ciel brumeux jette sur moi son éclat trouble,
Tu es ma peine, tu es mon double.
Tu es le miroir lumineux de mes eaux troubles.

Tu es l'autan de mes vagues fumeuses,
Le sang des âmes ensorceleuses.

Je te vois, je te sens, je t'entends
Mais tu es absent,
Absent de mon univers, loin de ma terre,
Près des montagnes noires des guerres
Et des galères.

Tel ce poète bohème, je chante ma vie,
Je rêve ma vie, je vis mon rêve dans mon rêve,
Je vis ma vie sans envie,
Je meurs chaque nuit
Puis je m'envole vers les saisons de mes paradis.

Noyée dans les saisons des puits,
Je plonge dans ma cinquième saison : mon ennui.

Fellahi Salma, 2005.

XVIII

Enfermement

Les nuages traversent ce haut rivage,
La giboulée envahit ces mille visages.

L'épine perce ces paysages,
Ferme ces grillages,
Les inonde dans des mirages.

Les larmes succombent aux lames,
Les corps déchiquetés subissent des drames.

L'homme, trahi par la flamme,
Brûle ses lames.

Fellahi Salma, 2005.

XIX

Belligérances

La lumière s'est éteinte sur terre,
Les corps, déchirés, se font la guerre,
Le sang a envahi l'atmosphère,
L'animosité a chassé l'air.

La paix, larmoyante, est délaissée,
La colombe, boiteuse, est blessée.
L'amour, mutilé, est foudroyé.
La terre pleure ses enfants noyés.

Les Achille ont disparu,
Les Oreste lancent leur haine absolue.
Le fil d'Ariane, dans un dédale, est perdu,
Thémis pleure son mal répandu.

Athéna, viens faire ta guerre pacifique !
Irène, verse tes dons magiques !
Chasse donc ces esprits maléfiques
Qui ne cessent de délabrer les âmes angéliques.

Fellahi Salma, 2009.

XX

Aspirations

J'agripperai les océans les plus déchaînés
Pour traverser l'île de mes rêves,
Je laisserai la colombe de mes mots hanter
Mes sèves,
Je ferais de mercure ma trêve
Pour que saturne ne soit plus qu'un mauvais rêve.

Je survolerai les paysages pluvieux,
Je ferai du réel un univers mélodieux.
Je briserai tous les murs odieux.

Que les étoiles me donnent leur connivence !
Que le soleil me prête sa brillance !
Que la lune m'offre sa magnificence !
Pour qu'enfin soit arrosée mon espérance.

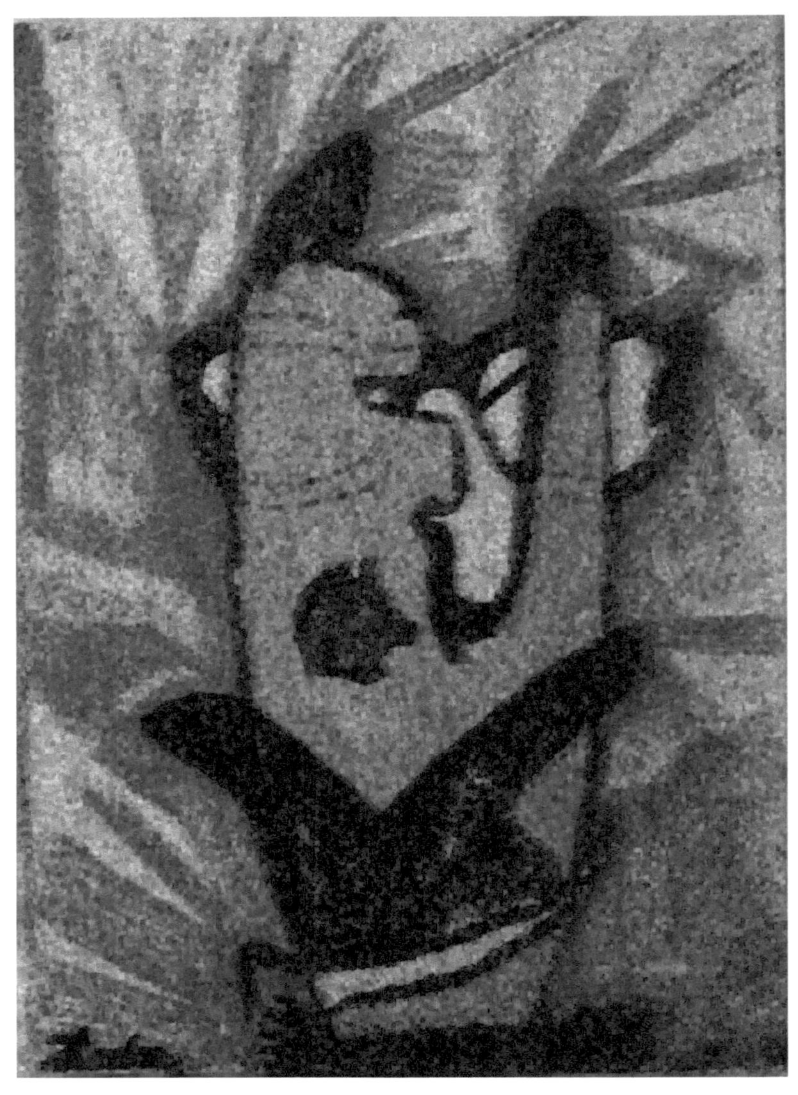

Fellahi Abdellatif, 1971.

XXI

Homicide Sentimental

Sous les feuilles d'un arbre,
Elle le voyait tenir un sabre.

Elle le surprenait lui meurtrir le cœur,
Tenant dans l'autre main une fielleuse fleur.

Sous les propagations du soleil qui la brûlait,
Son visage de chaleur et de timidité rougissait.

Des larmes de sang lui inondaient le visage
Et sa voix flottait au-delà des rivages.

Cette émotion se mélangeait à l'eau,
L'enivrait et lui brûlait la peau.

Fellahi Abdellatif , 1971.

XXII
Barbarie

A l'ombre de mon ombre, la lumière s'éteint,
Le souffle meurt et la vie s'évade
Entre mes mains.

Des vagues de souvenirs reviennent,
Se heurtent contre l'oubli et tiennent.

Je cajole des mots sans fin,
Je fuis, je me brise et je geins.

Pensant à ces êtres sans cœur,
Sans conscience et sans valeurs,
Je brutalise ce mur qui m'empêche d'avancer
Qui heurte mon cœur et mes pensées.

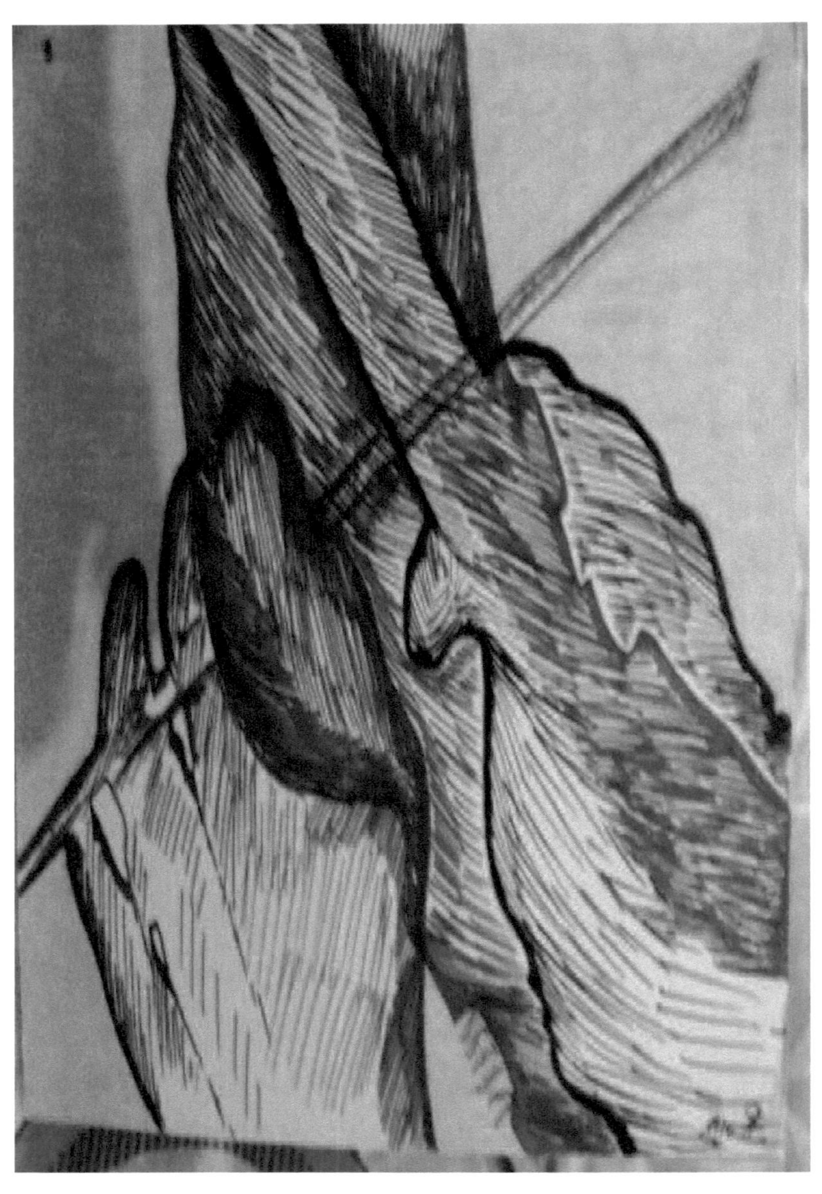

Fellahi Abdellatif, 1971.

XXIII
Brûlures

Je suis la terre d’un cœur brûlé,
Je suis la cendre d’une âme amochée.

Je suis le sang d’un corps mutilé,
Je suis les larmes d’un œil séché.

Je suis l'adynamie des rêves prévus.
Je suis la combativité d'un amour disparu.

Je suis la couleur d'un espoir mort,
Je suis la mélancolie d'un désir qui s'évapore.

Je suis la douleur de l'immensité.
Je suis l'amour affligé et estropié.

De mes yeux, furieusement larmoyants,
Je déclare une guerre sentimentale
A tes gestes malveillants.

Fellahi Salma, 2006.

XXIV
Songes et Mélancolie

J'entre souvent dans ce jardin,
Rempli de fleurs et de parfums.

Je fais souvent ce rêve d'enfance,
Mêlé à mes attraits et à mon innocence.

Je songe encore à cette beauté,
Qui de ma mémoire, n'a pu être effacée.

Dans mes songes, à travers les étoiles,
Je dessine mon étrange toile ;
J'y voie une âme qui se dévoile,
Sans voile.

Inondée dans les pleurs,
Naviguant dans la peur,
Elle baigne dans une profonde douleur.

Essayant d’ouvrir la porte de ses rêves,
Elle en perd la clef et disparait dans ses sèves.

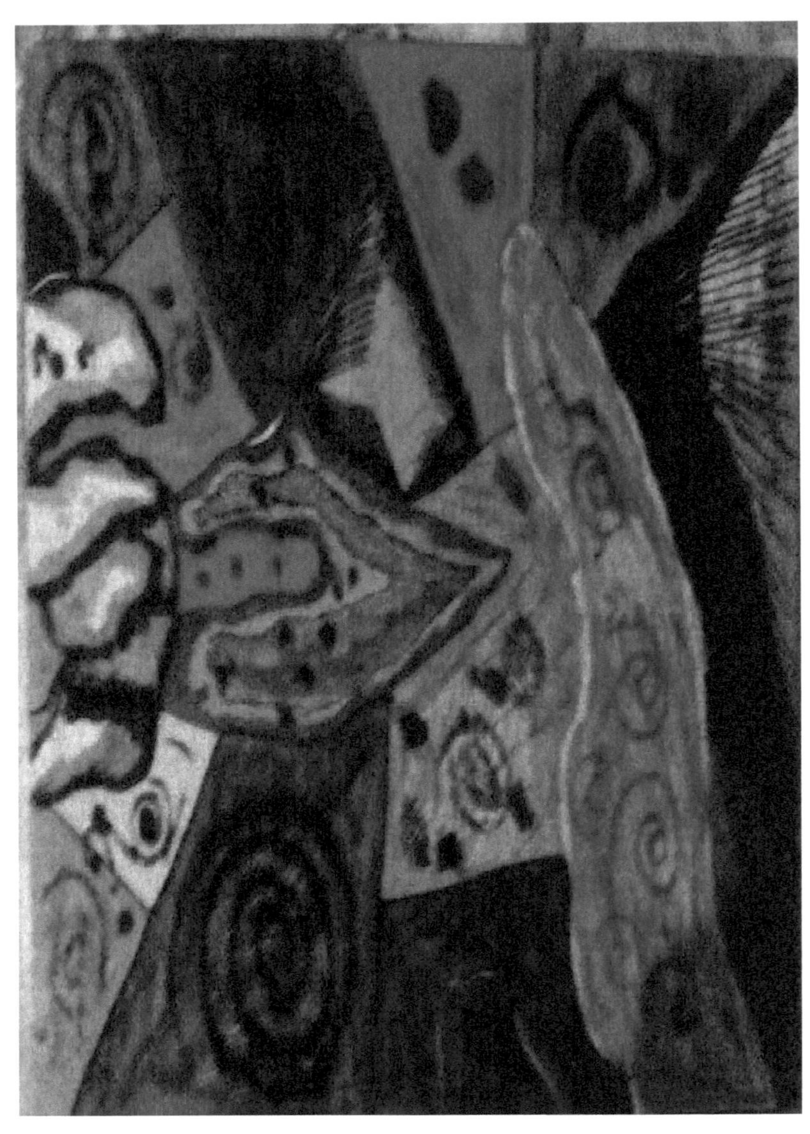

Fellahi Abdellatif, 1970.

XXV
Mon ultime larme

Mon ultime larme va tomber,
S'éparpiller et se métamorphoser.

Mon ultime larme va couler,
Tel le sang qui a giclé
Mon cœur fracassé.

Mon ultime larme va s'enflammer puis tarir
Tels les sentiments qui m'ont fait bouillir.

Mon ultime larme est abattue ;
Elle coule sans issue.

Toutes mes larmes m'ont aimée,
M'ont protégée comme tu ne la jamais fais.

Ah ! Maudites pensées, de mon âme brisée,
Qu'avez-vous fait pendant toutes ces années ?
Pourquoi fuir le bonheur qui passait ?
Ah larmes ! Vous étiez mon seul refuge !
Maintenant ! Que vous avez séché !
Où trouverais-je refuge ?

Mon ultime larme est tombée ;
Elle s'est évaporée à jamais,
Afin de laisser place à une souffrance outrée.

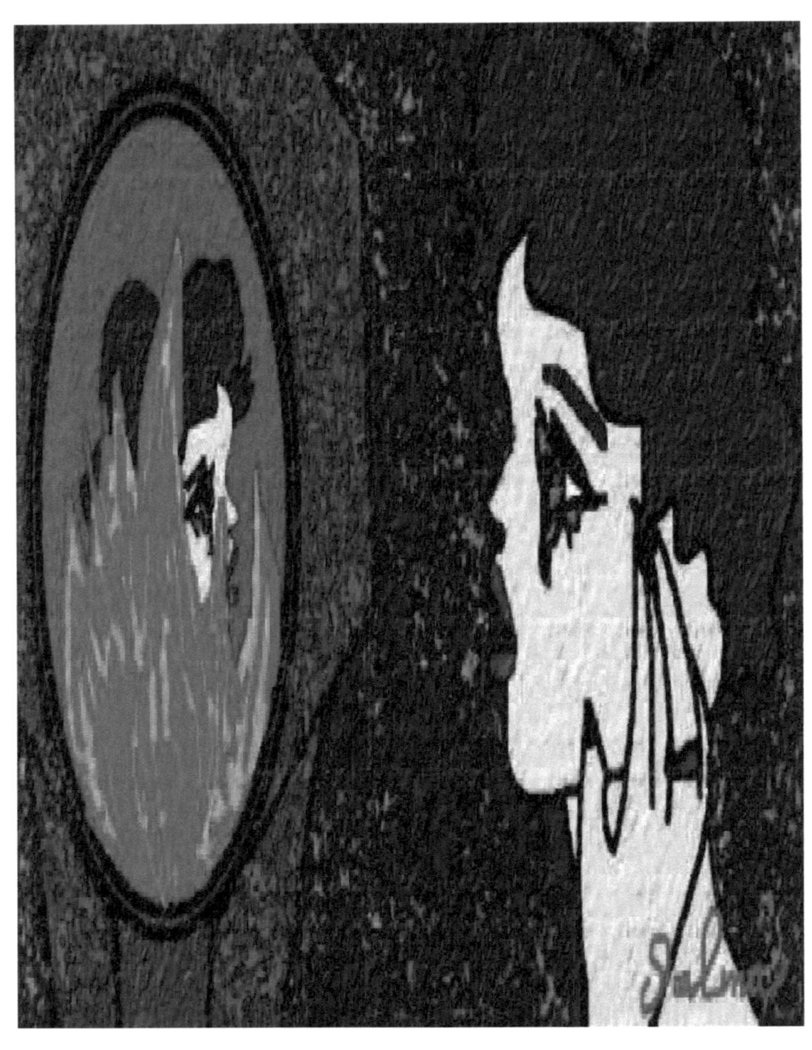

Fellahi Salma, 2006.

XXVI
La Saison de l'oubli

Il existe non loin de ma flamme
Une ombre froide brûlante,
Une douleur qui transperce ma fureur enivrante.

Dans la passion de l'oubli,
Je laisse mourir les larmes des saisons de l'ennui.

Mon chant s'envole dans le silence
Et laisse en lui les mystères des nuits.

Le bruit s'enfuit,
Laissant s'envoler l'oiseau, sans bruit.

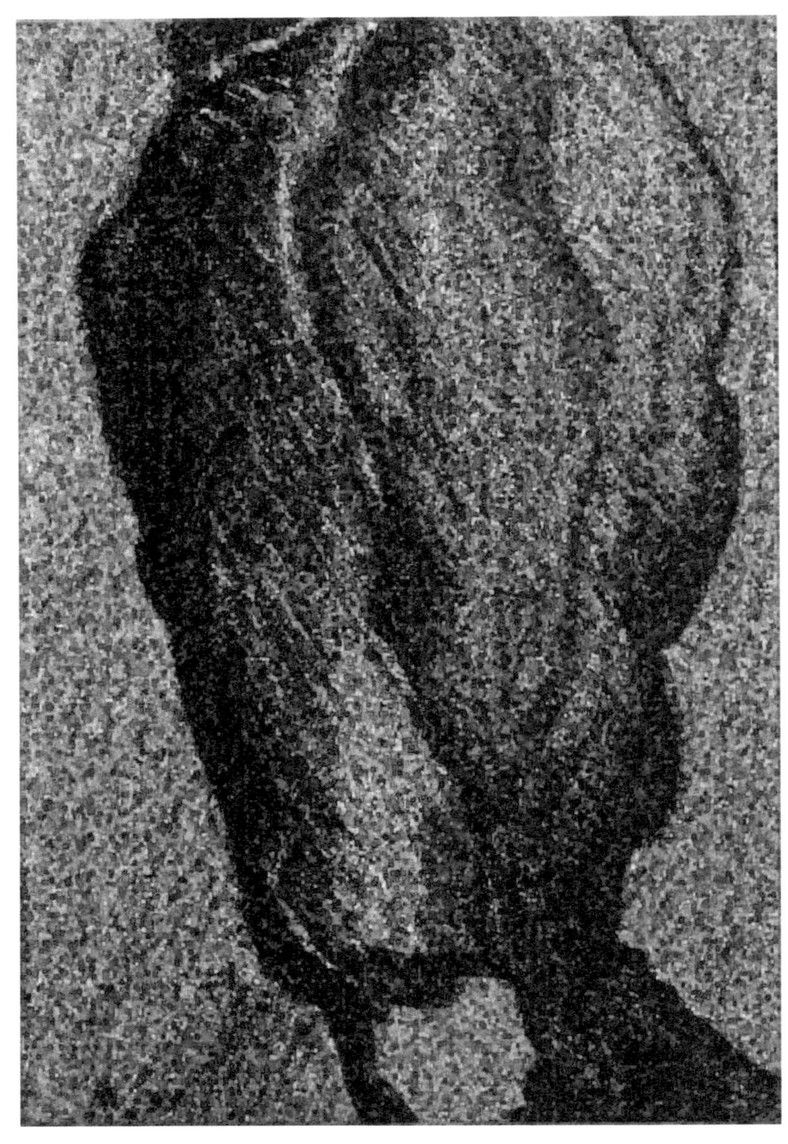

Fellahi Abdellatif, 1970.

XXVII
Prière

Bruit de mes chimères,
Transporte tes terres
Loin des guerres.

Miroir de mes drames,
Ôte les hautes armes
Loin des cris et des larmes.

Cri de ma naissance,
Epargne-moi leur souffrance
Loin des rêches outrances.

Miroir de mes terres,
Illumine l'atmosphère
Avec la paix de mes vers.

Fellahi Salma ,2009.

XXVIII
My cat

Sur le quai de ton absence,
Un parfum troublant lance son essence,
S'infiltre dans mes veines et mes sens
Cherchant délivrance
À l'heure où ciel et terre n'offrent plus leur connivence.

Au bord de lac de tes yeux,
Une eau, dans nos adieux,
Se métamorphose en feu,
Dévoilant ses larmes et ses aveux.

Au large, non loin de mon naufrage,
Une barque, brisée déploie ses grillages,
Submergée de cendres et de feuillages.

Au port de mon embrasure
Mon corps, déchiqueté, quitte son armure.

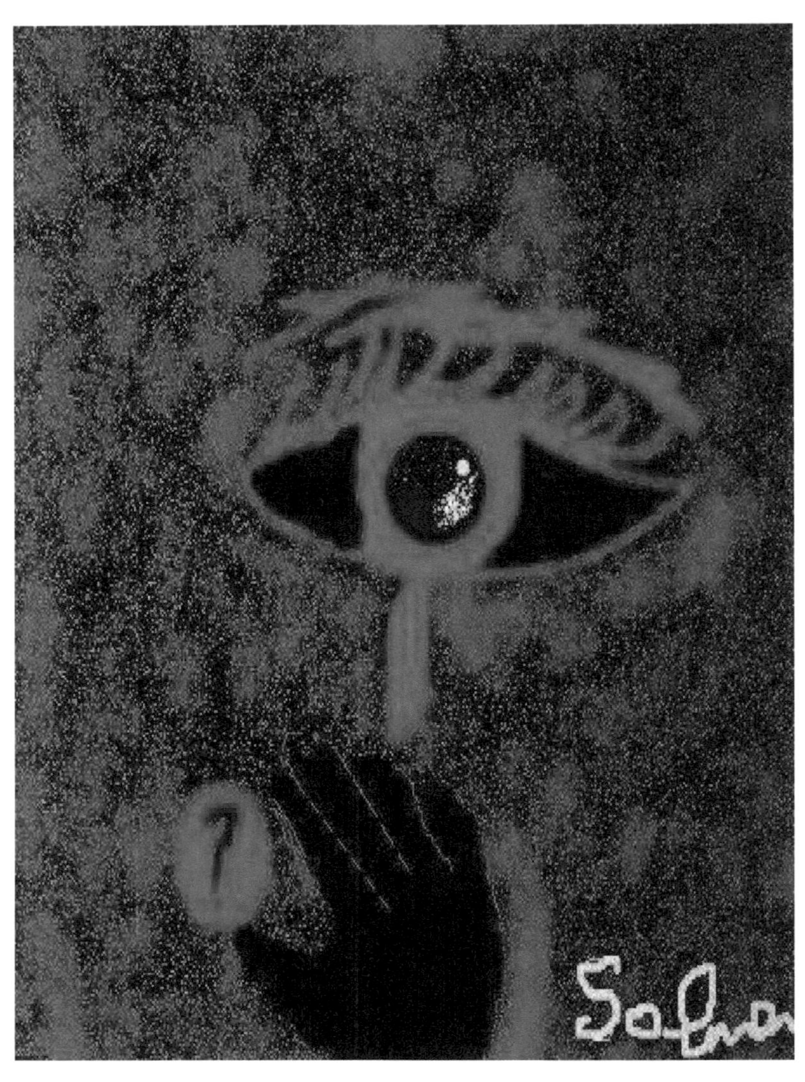

Fellahi Salma ,2006

XXIX
L'Ultime Choix

Elle a voulu guérir,
Mais elle a choisi de partir.
On l'a laissé mourir.

Je la vois faussement sourire,
Engouffrée dans ses souvenirs.

Un dernier souffle,
Un ultime regard,
Elle plonge dans le noir.

Dans l'absence des regards,
Dans l'errance et dans le désespoir,
Elle se mêle aux pollens du trépas
Que nul ne voit.

Fellahi Salma ,2006

XXX

Elle marche encore

Si vous saviez combien de larmes se cachent
Derrière ces sourires,

Si vous connaissiez les drames de ces soupirs,

Si vous quantifiiez les gouttes de sang qui coulent
Derrière ces armures,

Vous verriez des couteaux qui pénètrent les peaux,
Des flèches qui réduisent les corps en morceaux.

Vous rencontreriez une âme qui se déchire,
Mais qui lutte pour tout rebâtir.

Malgré le chemin épineux de sa propre mort,
Malgré les atrocités d'une vie volée à tort,
Elle marche encore.

Fellahi Abdellatif , 1971.

Table des matières

Printed by Books on Demand GmbH, Norderstedt / Germany